300 F… N

SPANISH

Introduced by **OPAL DUNN**

Photographed by **GEOFF DANN**

FRANCES LINCOLN

How to use this book

First words in Spanish can be fun. Most children take learning a second language in their stride, and even if you yourself feel hesitant about using or speaking Spanish, you can still begin to teach your child. After all, you have already taught them to speak English, so why not use some of the same skills for Spanish? One of the best times to start is when your child has passed the stage of naming things in English and is already communicating everyday needs and feelings, but hasn't yet begun a formal reading programme. *300 First Words in Spanish* takes them back to that earlier learning stage of naming things in English – and then names them in Spanish.

Before you begin, explain to your child that some people don't talk in English – they use other languages, and one of these languages is Spanish. Teach them how to count in Spanish (*uno, dos, tres*), tell them some Spanish names of things they will later find in the book, and how to say "yes" (*sí*) and "no" (*no*). Say a rhyme in Spanish, sing a song or show them part of a television programme or video in Spanish.

Start the first session by naming things in Spanish and let your child listen, but don't expect them to speak, to begin with. Keep the sessions short: always stop before your child loses interest. After a few sessions, repeat the names of familiar things a second time, asking your child to say them aloud with you. Begin each session with names they already know, then introduce two or three new names, but never more. Finish with a simple game: ask them to find and show you a particular thing in the book. Don't explain about masculine or feminine unless they ask. Let them learn the article and the word together as one piece of language – *una zanahoria – un perro – unas gafas*.

As they grow more confident, try pointing at things and asking *"¿Qué es esto?"* (What's this?). If they don't get the reply quite right, don't make any comment – just repeat the correct answer, then ask the question again. Children don't mind repeating things – they like to have another chance to get things right. They also have an innate ability to refine their own pronunciation until they can get it just like the model they hear. Don't say something is wrong – it might discourage them.

Later on, holding the book, say, *"Muéstrame un lápiz"* (Show me a pencil). They then have to find the matching picture. Once they can do this, see if they recognise things without the book. Say, *"Vete a coger una galleta"* (Go and get a biscuit) or *"Dáme un plato"* (Give me a plate).

Young children want to succeed and to know they are doing well, so do include words like *bravo* and *muy bien* (well done), and praise them whenever you can. Remember, success leads to success, and if you make a good start, your child will have the confidence to go on learning Spanish and maybe other languages as well.

Opal Dunn

una esponja

sponge

un orinal

potty

un cepillo de dientes

toothbrush

pasta de dientes

toothpaste

un esparadrapo

plaster

algodón

cotton wool

unas tijeras para las uñas

nail scissors

un cepillo para las uñas

nailbrush

un traje de dormir

sleepsuit

un pijama

pyjamas

una bata

dressing gown

una zapatilla

slipper

una camiseta

vest

unas braguitas

pants

un calcetín

sock

un zapato

shoe

una camisa

shirt

unos pantalones

trousers

un cinturón

belt

un mono

dungarees

una camiseta

T-shirt

unos pantalones cortos

shorts

una rebeca

cardigan

un vestido

dress

un jersey deportivo

sweatshirt

una falda

skirt

una bufanda

scarf

un jersey

jumper

un gorro de lana

woolly hat

un guante

glove

un guante

mitten

una chaqueta

jacket

un sombrero de lluvia

rainhat

una gabardina

raincoat

un paraguas

umbrella

una bota

boot

un bañador

swimsuit

una sandalia

sandal

una gorra con visera

sunhat

unas gafas de sol

sunglasses

un cubo

bucket

una pala

spade

una pala

bat

un balón

ball

un osito

teddy bear

una muñeca

doll

un pingüino

penguin

una caja sorpresa

Jack-in-the-box

un libro ilustrado

picture book

un bloque

alphabet block

un rompecabezas

jigsaw

un clasificador de formas

shape-sorter

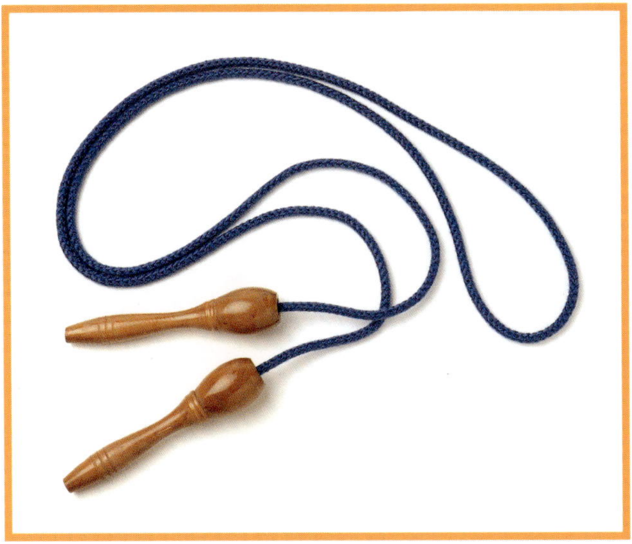

una cuerda de saltar

skipping-rope

un triciclo

tricycle

un globo

balloon

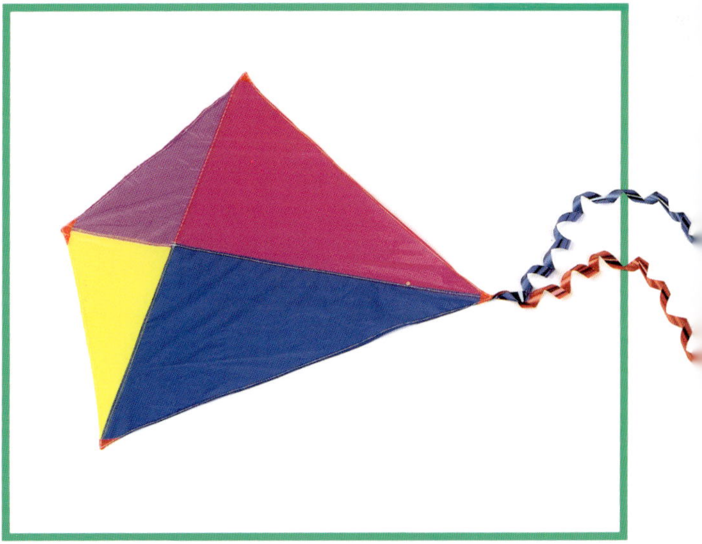

una cometa

kite

un tambor

drum

una pandereta

tambourine

una trompeta

trumpet

una flauta dulce

recorder

una guitarra

guitar

un violín

violin

un xilófono

xylophone

un triángulo

triangle

un lápiz de cera

wax crayon

un rotulador

felt-tip pen

un pincel

paintbrush

una caja de pinturas

paintbox

una goma de borrar

rubber

un sacapuntas

sharpener

un lápiz

pencil

un estuche de lápizes

pencil case

un monedero

purse

una cesta

shopping basket

una mochila

rucksack

una maleta

suitcase

unas gafas

glasses

una linterna

torch

una navaja
penknife

un reloj de pulsera
watch

una pulsera

bracelet

un anillo

ring

un collar

necklace

un pendiente

earring

una manzana

apple

una naranja

orange

un limón

lemon

una pera

pear

un plátano

banana

uvas

grapes

una piña
pineapple

un melocotón
peach

una mandarina

tangerine

un melón

melon

una fresa

strawberry

un albaricoque

apricot

un tomate

tomato

un pepino

cucumber

una lechuga

lettuce

una zanahoria

carrot

un guisante

pea

maíz

sweetcorn

bróquil

broccoli

una coliflor

cauliflower

una patata

potato

una col

cabbage

un aguacate

avocado

una cebolla

onion

un helado

ice cream

un chupachup

lollipop

chocolate

chocolate

un pastel

cake

una galleta

biscuit

pan

bread

un sandwich

sandwich

un panecillo

roll

mantequilla

butter

queso

cheese

un huevo

egg

espaguetis

spaghetti

miel

honey

mermelada

jam

zumo de naranja

orange juice

leche

milk

una pajita

straw

un vaso

glass

una tacita

beaker

un tazón

mug

una taza

cup

un plato

saucer

un bol

bowl

un plato

plate

un cuchillo

knife

un tenedor

fork

una cuchara

spoon

una huevera

egg cup

una jarra

jug

una tetera

tea pot

un hervidor

kettle

una cafetera

coffee pot

una cuchara de madera

wooden spoon

un colador

colander

una sartén

frying pan

una cacerola

saucepan

un rodillo

rolling pin

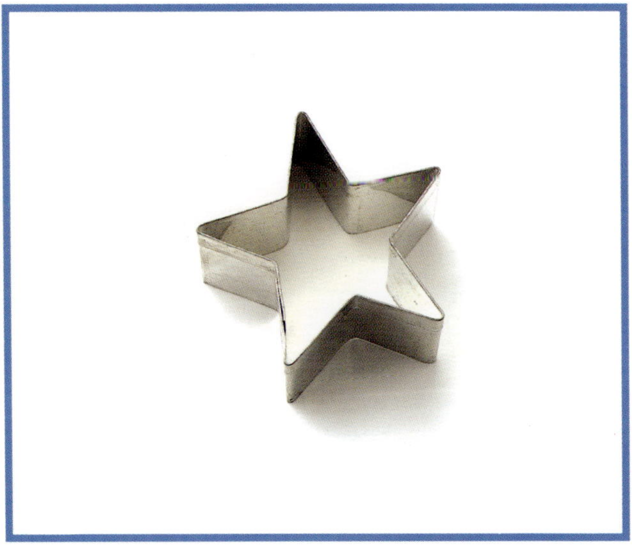

un molde para cortar pasta

pastry cutter

un molde pastelero

cake tin

un guante para horno

oven glove

un paño

tea towel

una palangana

washing-up bowl

un fregadero

sink

un guante de goma

rubber glove

un molinillo de pimienta

pepper grinder

un salero

salt pot

una servilleta

napkin

una mesa

table

una silla

chair

un escritorio

desk

una butaca

armchair

un sofá

sofa

un teléfono

telephone

una calculadora

calculator

un reloj

clock

un cuadro

picture

un televisor

television

un ordenador

computer

una radio

radio

una cámara

camera

una almohada

pillow

una cama

bed

una sábana

sheet

una manta

blanket

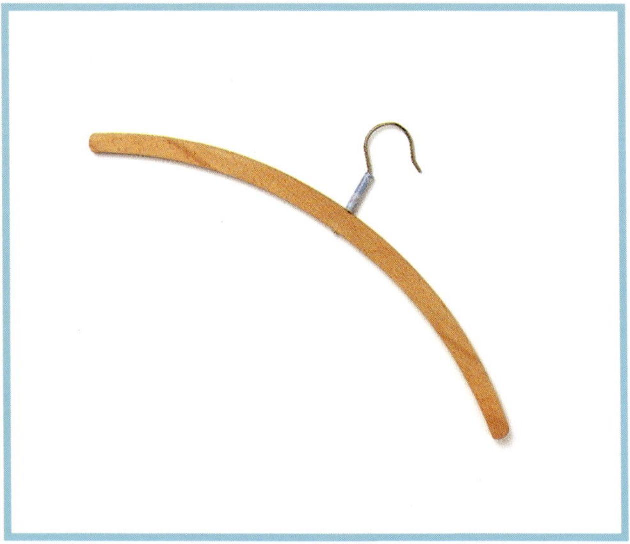

una percha

coat hanger

un armario ropero

wardrobe

un armario

cupboard

una cómoda

chest of drawers

una bombilla

light bulb

una lámpara

lamp

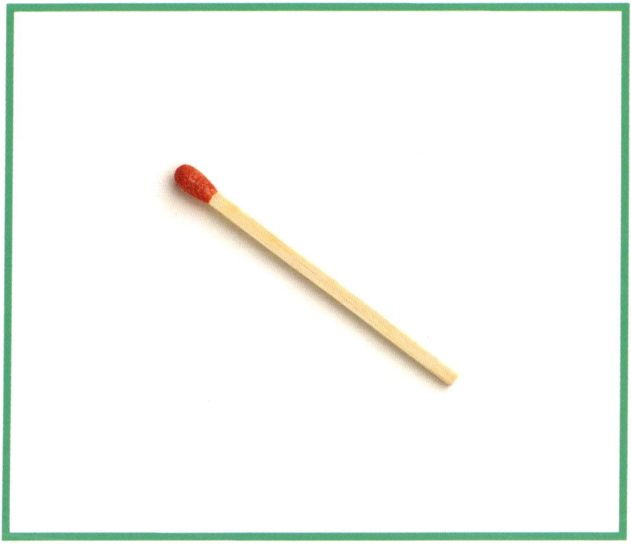

una cerilla

match

una vela

candle

una llave

key

el ojo de la cerradura

keyhole

una puerta

door

una alfombrilla

doormat

una ventana

window

cortinas

curtains

un jarrón

vase

una alfombra

rug

una escoba

broom

una aspiradora

vacuum cleaner

un cepillo

brush

una pala de la basura

dustpan

una pinza

clothes peg

una canasta de ropa

washing basket

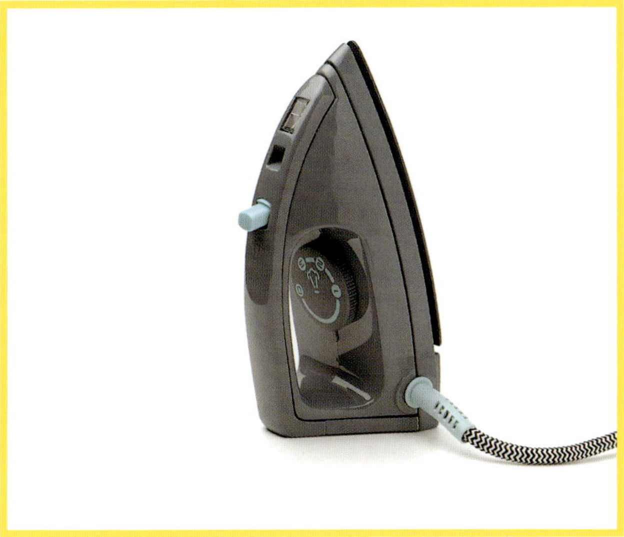

una plancha

iron

una tabla de planchar

ironing board

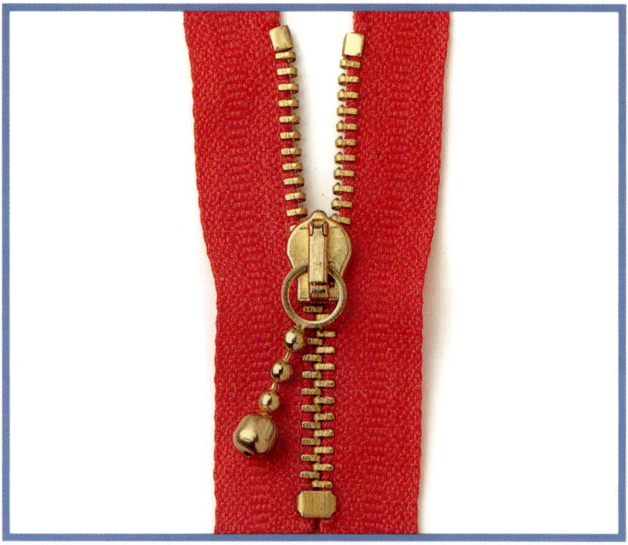

una cremallera

zip

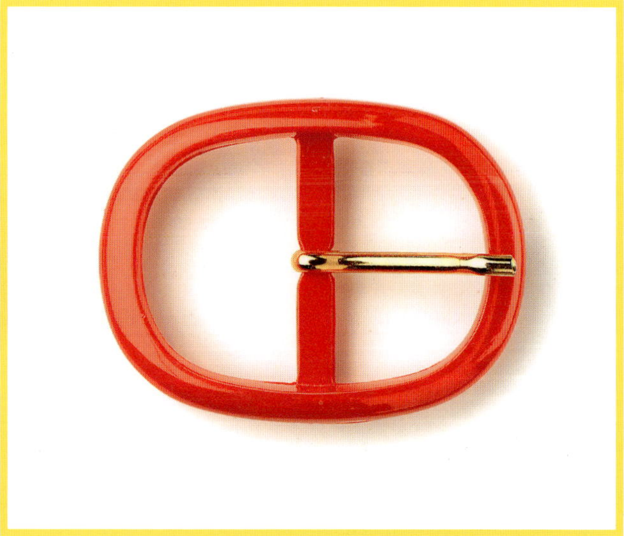

una hebilla

buckle

una cuenta

bead

un botón

button

una cuerda

string

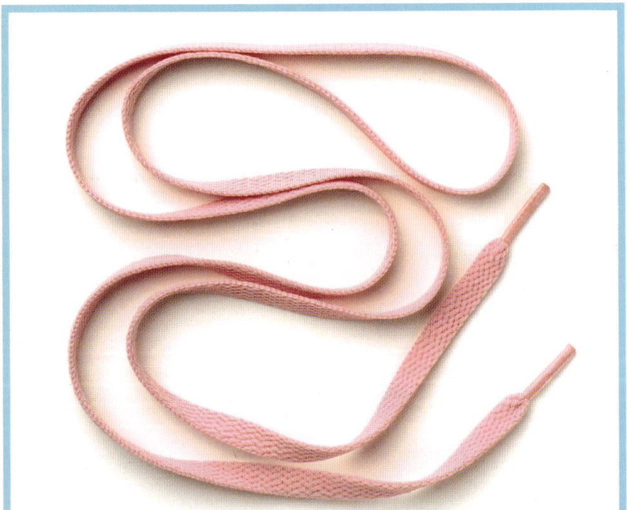

un cordón

shoelace

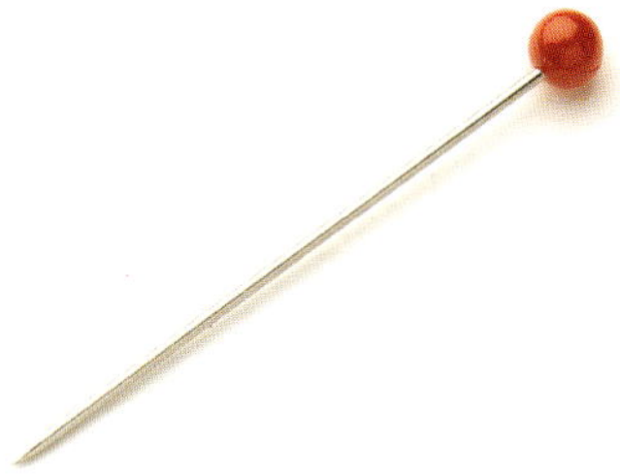

un alfiler

pin

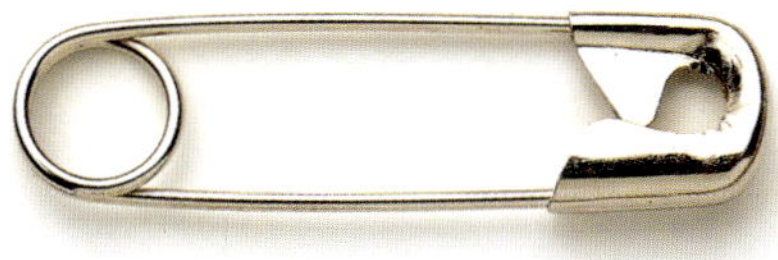

un imperdible

safety pin

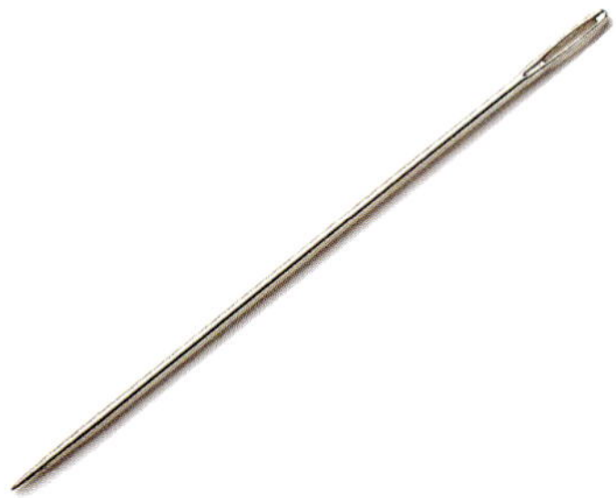

una aguja

needle

hilo

thread

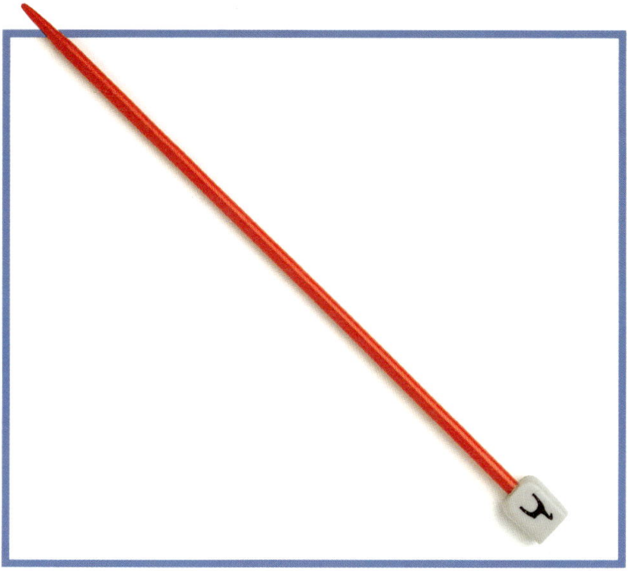

una aguja de hacer punto

knitting needle

lana

wool

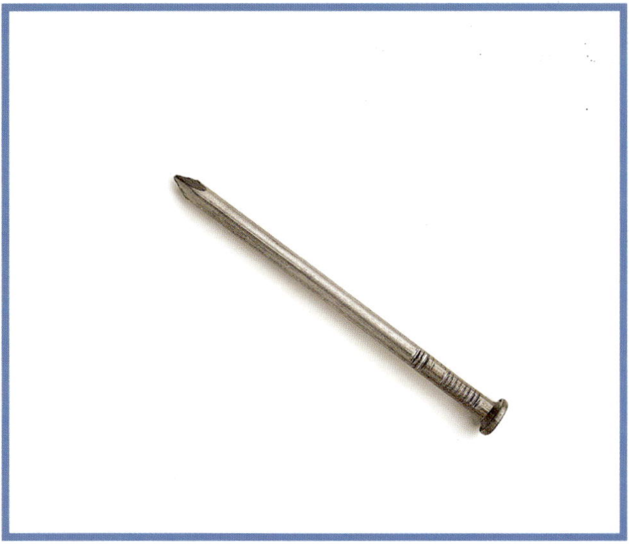

un clavo

nail

un martillo

hammer

un destornillador

screwdriver

un tornillo

screw

una tuerca

nut

una llave inglesa

spanner

unos alicates

pliers

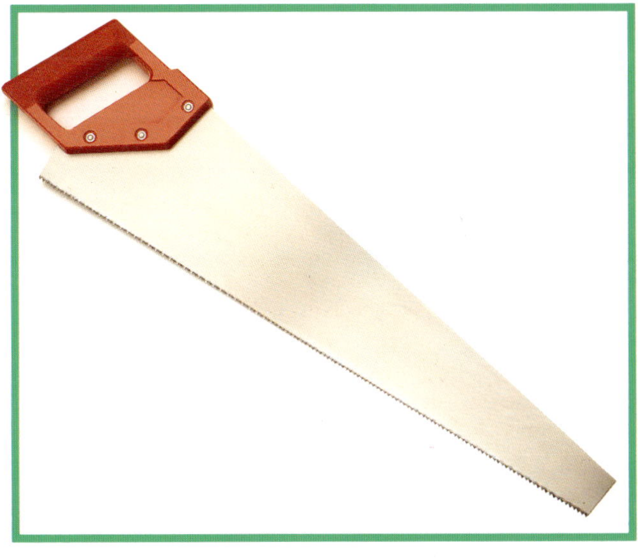

una sierra

saw

una horquilla

garden fork

una paleta

trowel

una regadera

watering can

una maceta

flowerpot

hierba

grass

tierra

earth

una hoja

leaf

una planta

plant

una rosa

rose

un tulipán

tulip

un iris

iris

un geranio

geranium

una mariposa

butterfly

una libélula

dragonfly

una hormiga

ant

una araña

spider

un gato

cat

un perro

dog

un caballo

horse

una vaca

cow

una gallina

hen

un gallo

cockerel

una cabra

goat

una oveja

sheep

un burro

donkey

un cerdo

pig

un ganso

goose

un pato

duck

un león

lion

un tigre

tiger

una girafa

giraffe

un panda

panda

una cebra

zebra

un camello

camel

un rinoceronte

rhinoceros

un elefante

elephant

un oso

bear

un reno

reindeer

un avestruz

ostrich

un canguro

kangaroo

una tortuga

turtle

un cocodrilo

crocodile

un delfín

dolphin

una ballena

whale

un pez

fish

una estrella de mar

starfish

un cangrejo

crab

una concha

seashell

una grúa

crane

un camión

lorry

un coche

car

una rueda

wheel

una motocicleta

motorbike

un casco

crash helmet

una bicicleta

bicycle

un timbre

bell

un helicóptero

helicopter

un avión

plane

un barco de vela

sailing boat

una lancha motora

speed boat

una postal

postcard

un paquete

parcel

una tarjeta de cumpleaños

birthday card

un sobre

envelope

papel de envolver

wrapping paper

una cinta

ribbon

un lazo

bow

un regalo

present

Index

Doll's house furniture by courtesy of
Rainbow, 253 Archway Road, London N6 5BS
and The Singing Tree, 69 New King's Road, London SW6 4SQ

First published in Great Britain in 1994 by
Frances Lincoln Limited, Apollo Works
5 Charlton Kings Road, London NW5 2SB

Published by arrangement with Père Castor-Flammarion, Paris

British Library Cataloguing in Publication Data
available on request

ISBN 0-7112-0878-6

Set in Helvetica by FMT
Printed and bound in Hong Kong

1 3 5 7 9 8 6 4 2